ÄGYPTEN

Eine Entdeckungsreise
durch die Welt der Pyramiden

Richard Platt

arsEdition

Bibliografische Information Der Deutschen Bibliothek

Die Deutsche Bibliothek verzeichnet diese Publikation in der
Deutschen Nationalbibliografie; detaillierte bibliografische Daten
sind im Internet über http://dnb.ddb.de abrufbar.

5 4 3 2 1   07 06 05 04

©2004 by Haldane Mason Ltd
Titel der Originalausgabe: Discovering Egyptians
Die Originalausgabe ist bei Haldane Mason Ltd, London erschienen

© 2004 arsEdition GmbH, München
© 2004 für die deutsche Ausgabe: arsEdition GmbH, München

Text: Richard Platt
Redaktion der Originalausgabe: Ron Samuel
Zeichnungen: L. R. Galante und Andrea Orani, Florenz, Italien
Foto auf Seite 4: Jacques Descloitres, MODIS Land Science Team, NASA, USA

Aus dem Englischen von Cornelia Panzacchi
Textlektorat der deutschen Ausgabe: Elke Hesse
Redaktion der deutschen Ausgabe: Ina Schumacher
Produktion: Detlef Schuller

3-7607-4803-1

www.arsedition.de

Inhalt

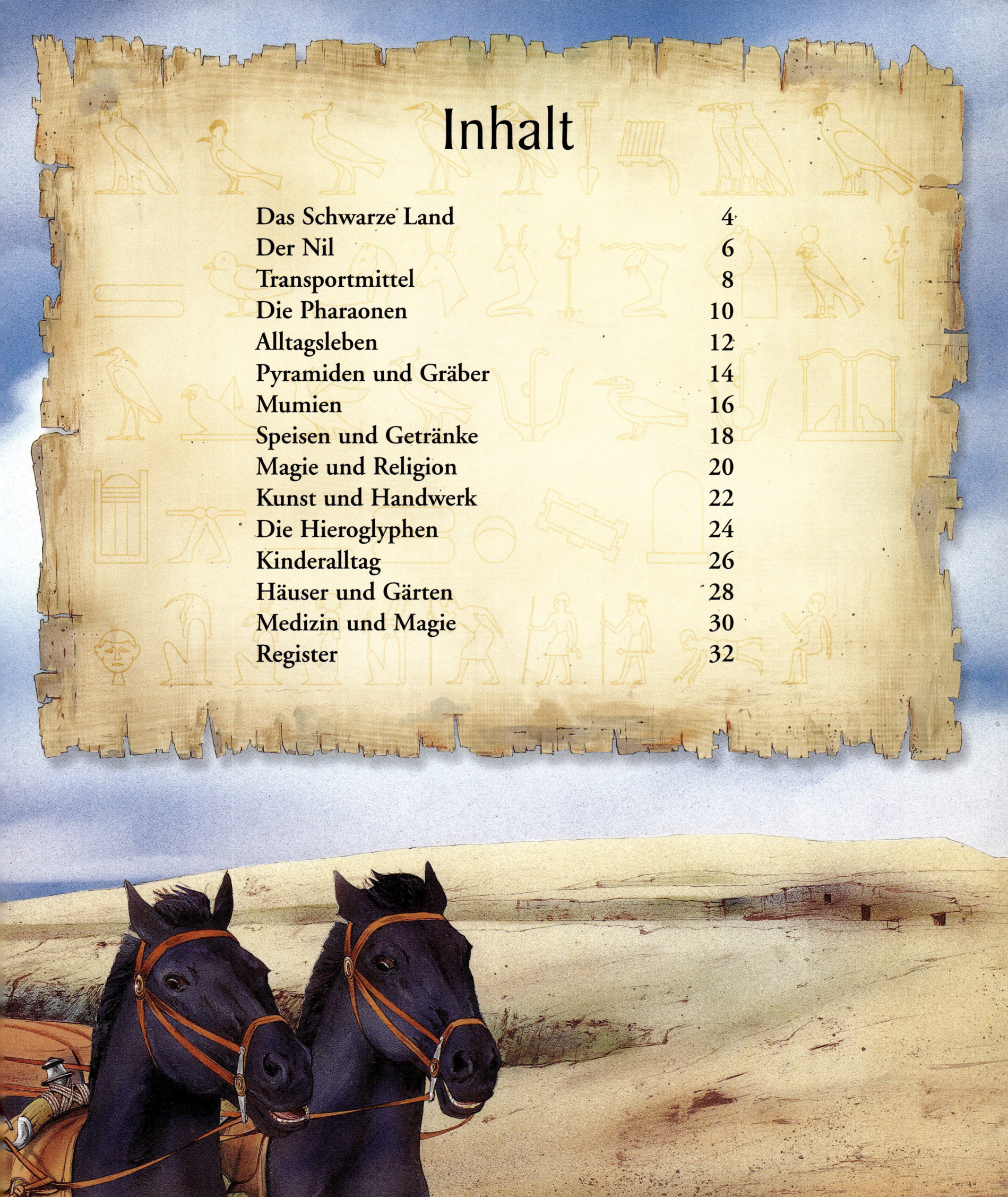

Das Schwarze Land

Ein Königreich, das über 3000 Jahre lang bestand. Ein Land voller Geheimnisse, reich an wunderbaren Schätzen. Ein Land voll glühendheißer Wüste, aber auch mit grünen Feldern und kühlen Gewässern. Dies alles, und noch viel mehr, war das alte Ägypten.

Vom Weltraum aus gesehen bildet der Nil ein grünes Band, das sich über die rechte obere, braune Ecke Afrikas schlängelt. So sah es hier nicht immer aus: Vor 12 000 Jahren bedeckte üppiger Pflanzenwuchs die gesamte Region. Später wurde das Klima allmählich trockener. Als sich vor ungefähr 8000 Jahren Menschen ansiedelten, gediehen Pflanzen nur noch auf den schmalen Flächen beiderseits des Nils, die alljährlich vom Fluss überschwemmt wurden.

Auf diesem Streifen, den die Menschen »das Schwarze Land« nannten, gediehen Nutzpflanzen schnell und gut. Die Arbeit auf den Feldern und der Bau von Kanälen für ihre Bewässerung machten es notwendig, dass viele

▲ Das Niltal: Vom Weltraum aus kann man sehen, wie sich der Nil als grünes Band durch die Sahara schlängelt. Der Fluss strömt durch das grüne Nildelta ins Mittelmeer. Der dunkle Streifen rechts ist das Rote Meer.

zusammenhalfen, und so wohnten die Menschen im Niltal nahe beieinander. Ab 3100 v. Chr. wurde ganz Ägypten von einem einzigen Herrscher regiert, den man später Pharao nannte.

Unter den Pharaonen erreichte Ägypten seine höchste Blüte. Beamte verwalteten Landgüter und zogen einen Teil der Ernten als Steuern ein. Ein Getreidevorrat wurde für Notzeiten aufgehoben. Mit einem anderen Teil der Ernten bezahlte man den Bau von Palästen und Tempeln. In den Tempeln verehrten Priester den Pharao und die vielen Götter, die ihrer Vorstellung nach über Ägypten wachten. Die Priester entwickelten einen Kalender, um Tage und Jahre zu zählen. Der Pharao beschäftigte Schreiber, die alle Staatsangelegenheiten schriftlich festhielten. Dazu benutzten sie eine Bilderschrift, die wir Hieroglyphen nennen.

Ägyptische Handwerker lernten, aus Metall Werkzeuge und Waffen herzustellen. Und die meiste Zeit über lebten die alten Ägypter in Frieden und Wohlstand. Sie gewöhnten sich so sehr daran, dass alles in geordneten Bahnen verlief, dass sie für diesen Zustand der Ruhe und Ordnung ein eigenes Wort besaßen: *maat*.

Eine der wichtigsten Aufgaben des Pharaos bestand darin, dafür zu sorgen, dass *maat* nicht endete. Manchmal aber herrschten dennoch Chaos und Krieg. Am Ende wurde Ägypten erobert und von anderen Völkern regiert – zuerst von den Griechen und später von den Römern. Doch bis dahin verlief das Leben im Niltal beinahe 3000 Jahre lang ohne größere Veränderungen.

Wir wissen deshalb so viel über die alten Ägypter, weil es in diesem Land kaum regnet. Stoff, Papier und Holz verrotten in dem trockenen Klima nicht. Die Malereien an den Wänden der Bauwerke sehen fast noch so frisch wie am Tage ihrer Vollendung aus. Besonders Gräber sind gut erhalten. Die alten Ägypter bestatteten ihre Toten sehr aufwendig und mit allem, was sie in ihrem Leben nach dem Tod brauchen würden. In den Pharaonengräbern fanden sich herrliche Schätze. Eine dieser Kostbarkeiten ist der goldene Sarg von Tutenchamun, der erst 1922 entdeckt wurde. Auch die Bauwerke, die die Gräber umgaben, waren bemerkenswert. Eines davon ist die Cheopspyramide, die ganz in der Nähe von Kairo steht, der Hauptstadt des heutigen Ägypten. Die Pyramide ist so groß, dass sie – ebenso wie der Nil – vom Weltraum aus mit bloßem Auge gesehen werden kann.

▼ **Ägyptens Städte:** Das Nildelta wurde Unterägypten genannt, weil es flussabwärts lag. Flussaufwärts nannte man Oberägypten. Nachdem Ägypten geeint war, regierten die Pharaonen von Memphis oder Theben aus.

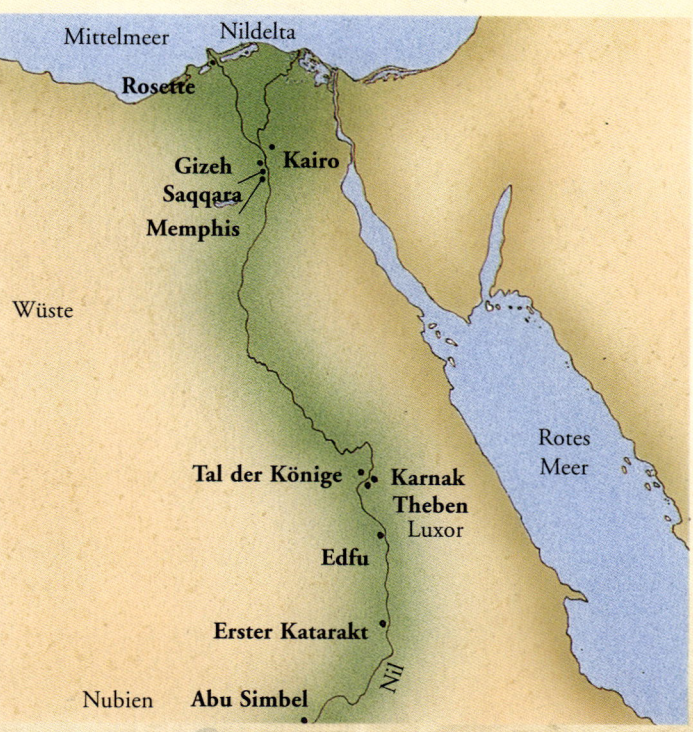

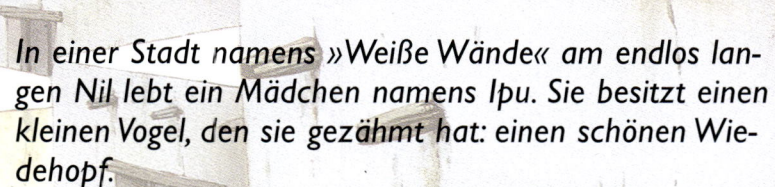

In einer Stadt namens »Weiße Wände« am endlos langen Nil lebt ein Mädchen namens Ipu. Sie besitzt einen kleinen Vogel, den sie gezähmt hat: einen schönen Wiedehopf.

Als sie eines Tages beim Reinigen des Käfigs nicht aufpasst, fliegt er ihr davon – aus dem Zimmer und hoch hinauf zum Himmel empor.

Der Nil

Der Fluss, der die Felder bewässerte und düngte, bestimmte auch den Lebensrhythmus der Bewohner Ägyptens. Im Frühjahr verwandelte der Fluss die Felder in Seen. Die Flut kam so pünktlich, dass die Ägypter ihren Kalender nach ihr ausrichteten.

Die alten Ägypter nannten den Nil *iterw*: der Fluss. Pünktlich wie ein Uhrwerk begann das Wasser des Nils jeden April anzusteigen. In den anschließenden zwei Monaten war der Großteil des Niltals überschwemmt. Das Flusswasser durchtränkte den Boden und bedeckte ihn mit nährstoffreichem Schlamm. Wenn sich das Wasser zurückgezogen hatte, säten die Bauern.

Die Überschwemmung war so wichtig, dass die Jahreszeiten nach ihr benannt waren: Die Ägypter bezeichneten die Monate April bis Juli *Achet*. Das heißt Überschwemmung oder Flut. Sie hatten auch einen Flutgott namens Hapi, zu dem sie um Hochwasser beteten. Er wurde als dicker Mann mit Haaren aus Papyrusstängeln dargestellt.

▲ **Shaduf:** Das schwere Gewicht an einem Ende des Hebels hob den vollen Eimer an dessen anderem Ende hoch. Dieses Gerät machte es sehr viel leichter, die Felder zu bewässern.

Später lernten die Bauern, auch weiter vom Fluss entfernt liegende Felder zu bewässern, indem sie Dämme aufschütteten und Kanäle gruben. Damit das Wasser in ihnen weiterfloss, hatten die Kanäle ein leichtes Gefälle. Noch später wurde der Shaduf entwickelt, eine Hebevorrichtung mit einer langen Stange, mit der man Wasser auf höher gelegene Felder schöpfen konnte. Dadurch konnten die Bauern zweimal im Jahr ernten. Die erste Ernte war eine Getreideernte. Die Weizen- und Gerstenähren schnitt man mit Sicheln aus Kupfer oder Feuerstein. Dann wurde das Getreide gedroschen, das heißt, die Körner wurden von den nicht essbaren Pflanzenteilen getrennt. Dazu ließen

Ipu lässt alles stehen und liegen und rennt Hals über Kopf zum Fluss, weil sie glaubt, den Wiedehopf dort zu finden. Der Vogel sitzt tatsächlich im Schilf am Ufer.
Ipu hockt sich hin und versucht den Ausreißer anzulocken. Ein großes Krokodil steckt seinen Kopf aus dem Wasser. Es schnappt nach Ipu, erwischt aber nur die Bretter des Stegs.

die Bauern ihre Rinder über die am Boden ausgebreiteten Ähren laufen. Eine weitere wichtige Pflanze war Flachs. Seine Fasern wurden aus den Stängeln herausgelöst und zu Leinstoffen verarbeitet. Die zweite Ernte war meist Gemüse: Spargel, Bohnen, Kohl, Gurken, Knoblauch, Lauch, Linsen, Kopfsalat, Zwiebeln, Erbsen oder Rettiche.

Der Nil überflutete stets das gesamte Tal. Weil der Schlamm regelmäßig die Grenzen der einzelnen Felder bedeckte, maßen Beamte die Felder aus und zeichneten sie in Karten ein. Wenn das

▸ **Nilometer:** Um den Wasserstand des Nils zu messen, benutzten die Priester eine Vorrichtung, die wie eine Treppe aussah. Die Anzahl der überschwemmten Stufen zeigte den ungefähren Wasserstand an. Kerben in der Wand halfen, ihn genauer zu bestimmen.

Astronomie

Mithilfe der Astronomie sagten die Priester den Beginn der Überschwemmung vorher. Der Wasserstand war am höchsten, wenn Sirius, der hellste Stern, nach monatelanger Abwesenheit wieder am Horizont auftauchte. Anhand ihrer Notizen stellten die Priester fest, dass ein Jahr genau 365 Tage und einen Vierteltag lang ist. Auch den Standort religiöser Bauwerke errechneten sie mithilfe der Astronomie.

▸ **Ägyptische Astronomen:** Sie hatten zur Sternbeobachtung sehr einfache Instrumente.

Wasser zurückgegangen war, markierten sie wieder die Grenzen. Auch die Besteuerung richtete sich nach der Flut. Je höher das Wasser auf dem Land gestanden hatte, umso besser wurde später die Ernte – und entsprechend hoch die Steuern. Gemessen wurde die Höhe der Überschwemmung mit dem Nilometer.

Die regelmäßigen Überschwemmungen des Nils beeinflussten auch die Entwicklung des ersten zuverlässigen Kalenders. Die Priester errechneten die Daten, anhand derer sie über mehrere Jahre hinweg voraussagen konnten, wann jeweils die Flut kommen würde.

Transportmittel

Der wichtigste Transportweg Ägyptens war der Nil. Schilfboote stellten billige, schnelle Verkehrsmittel für kurze Reisen dar. Schwere Lasten wurden auf großen Barken befördert – die so etwas wie die Sattelschlepper des alten Ägypten waren.

Das Land Ägypten erstreckte sich vom Mittelmeer im Norden bis zum Ersten Katarakt (Wasserfall) im Süden. Während es an manchen Stellen so schmal war, dass man es in nur einer Stunde durchqueren konnte, war das Schwarze Land 1200 km lang. Deshalb waren Beförderungsmittel für die Ägypter sehr wichtig.

Zum Glück bot der Fluss eine bequeme Reisemöglichkeit, auch wenn es nicht immer schnell ging. Am einfachsten war es, auf dem Nil nach Norden zu fahren, denn die Strömung trieb Boote und Barken flussabwärts. Eine Fahrt flussabwärts über die 725 km lange Strecke von Theben nach Memphis – die beiden wichtigsten ägyptischen Städte – dauerte ungefähr zwei Wochen. In der Zeit der Überschwemmungen ging es schneller.

In die andere Richtung zu fahren war nicht ganz so einfach, doch der Wind blies meist aus Norden und deshalb spannten die Bootsleute Segel auf, wenn sie flussaufwärts fahren wollten. Nur wenn es windstill war oder wenn man es sehr eilig hatte, wurden die Ruder eingesetzt.

Auf dem Nil fuhren die unterschiedlichsten Wasserfahrzeuge. Die größten transportierten Steine für Bauwerke und fertige Obelisken (eckige Steinsäulen). Einige dieser Schiffe waren so groß wie ein Fußballfeld und wogen 7300 Tonnen. Zu der Zeit waren es die mächtigsten Schiffe der Welt. Die kleinsten Schiffe bestanden aus zusammengebundenen Schilfbündeln. Sie wurden auf kurzen Fahrten über den Fluss oder durch die

▼ **Sänfte:** Noch lange nachdem Wagen die Sänften verdrängt hatten, ließen sich die Pharaonen bei feierlichen Anlässen von ihren Dienern in einer Sänfte tragen.

Der Wiedehopf fliegt über den Fluss auf einen Baum am anderen Ufer. Ipu fragt den freundlichen Fährmann: »Kann ich ausnahmsweise umsonst fahren?« Der Fährmann lässt sie einsteigen. Sobald sie den Fluss überquert haben, fliegt der Vogel wieder auf die andere Seite. Der Fährmann rudert so schnell hinterher, dass sein Boot beinahe auf Grund gelaufen wäre.

▲ **Kleines Schilfboot**

◂ **Boote und Schiffe:** Die kleinsten Boote waren wenig mehr als Schilfbündel. Selbst die größeren Schiffe wirkten nicht sehr stabil. Möglicherweise fuhren sie das Ufer an, wenn ein Unwetter aufzog.

▾ **Große Barke für schwere Fracht**

▲ **Handelsschiff**

Sümpfe mithilfe langer Stangen vorwärts geschoben (gestakt) oder gerudert. Größere Boote waren aus Holz und hatten hinten am Heck ein Ruder, mit dem gesteuert wurde. Ihr Rumpf war nach dem Vorbild der kleinen Schilfboote gebaut. Vorne und hinten liefen sie in Spitzen aus Holz aus, die so geschnitzt waren, dass sie an Schilfbündel erinnerten. Im Laufe der späteren Geschichte Ägyptens wurden diese Boote so stabil gebaut, dass sie den Fluss verlassen und das Mittelmeer überqueren konnten.

Die prunkvollsten Schiffe gehörten dem Pharao. 1954 fand man eine dieser königlichen Barken. Sie war zerlegt und am Fuße der Großen Pyramide vergraben worden (siehe S. 14). Sie wurde restauriert und zusammengesetzt und kann nun in der Nähe des Fundorts besichtigt werden.

An Land bewegte man sich vor allem zu Fuß fort. Sehr reiche Leute oder Mitglieder der Familie des Pharao wurden mitunter auch in Sänften getragen. Die Ägypter benutzten ab ungefähr 3000 v. Chr. Esel, ab 1600 v. Chr. Pferde. Kamele wurden in Ägypten erst ab 800 v. Chr. geritten.

All diese Tiere trugen die Lasten oder Menschen. Wagen waren eine Seltenheit, auch wenn das Heer um 1500 v. Chr. begann Streitwagen einzusetzen. Mit der Zeit verdrängte der Wagen die Sänfte und wurde zum bevorzugten Verkehrsmittel der Reichen und Mächtigen. Die einfachen Leute aber benutzten nie Fahrzeuge mit Rädern. Das Holz, das man zu ihrer Herstellung benötigte, war teuer und selten. Abgesehen davon reiste man mit Nilbooten wesentlich schneller und bequemer als in Wagen und Karren.

Die Pharaonen

Der ägyptische Pharao wurde wie ein Gott verehrt. All seine Untertanen gehorchten ihm. Das Land gehörte ihm und er hatte über alles und jeden unumschränkte Macht. Die Ägypter glaubten sogar, dass er dem Nil befehlen könne, über die Ufer zu treten, und den Pflanzen befehlen könne zu wachsen.

Ein Pharao musste nicht nur regieren, sondern war auch zuständig für religiöse Angelegenheiten, für die Armee und für das Rechtswesen. Vor allem aber hatte er für den Fortbestand von *maat* zu sorgen, musste also verhindern, dass sich am friedlichen Alltag etwas änderte.

Die meisten Pharaonen waren Männer, aber es gab auch ein paar Frauen – wie Königin Hatschepsut aus der 18. Dynastie. Um der Tradition treu zu bleiben, trug sie allerdings Männerkleidung und sogar den falschen Bart, den die

◄ **Streitwagen:** Ein Streitwagen, von einem geschickten Fahrer gelenkt, war damals ein ähnlich Furcht erregendes Kriegsgefährt wie heutzutage ein schwerer Panzer.

Pharaonen bei feierlichen Anlässen anlegten.

Die Macht über Ägypten war in Familienbesitz. Nach dem Tode eines Pharaos bestieg sein Sohn den Thron. Damit gingen auch die magischen Fähigkeiten des Vaters auf den Sohn über. Die Schlange auf der Krone der Pharaonen war das Symbol dieser übernatürlichen Kraft. Sie wurde Uräus genannt und sollte Feuer auf die Feinde des Pharaos speien.

Wenn ein Nachbarvolk Ägypten bedrohte, führte der Pharao seine Armee in die Schlacht. Die Soldaten waren mit einfachen Kriegsäxten, Keulen, Schwertern, Pfeilen und Bögen oder Speeren bewaffnet. Sie kämpften beinahe nackt und tru-

Der Vogel fliegt über die Stadt und ruft dabei sein »uhp uhp uhp uhp«. Viel lauter aber ist das Lied der Krieger, die unter ihm vorbeimarschieren. Der Pharao und Tausende Soldaten kehren aus dem Krieg zurück. Eine jubelnde Menschenmenge drängt sich in den Straßen – und Ipu hat keine Gelegenheit, den Wiedehopf wieder einzufangen.

Reiche und Dynastien

Das alte Ägypten bestand ungefähr 3000 Jahre lang. Die Historiker unterteilen es in 31 Dynastien. Eine Dynastie ist eine Herrscherfamilie, deren Mitglieder einander auf dem Thron folgten. In jedem Reich regierten hintereinander mehrere Dynastien. Die meisten Pyramiden entstanden im Alten Reich (2686–2181 v. Chr.). Danach kam die unruhige, so genannte Erste Zwischenzeit. Im Mittleren Reich (2134–1784 v. Chr.) gewannen die Pharaonen wieder mehr Macht. Darauf folgte die chaotische Zweite Zwischenzeit. Im Neuen Reich (1570–1069 v. Chr.) war Ägypten wieder vereint und eroberte Nachbarländer.

3100 v. Chr.	2686 v. Chr.	2181 v. Chr. 2134 v. Chr.	1784 v. Chr.	1570 v. Chr.	1069 v. Chr.	664 v. Chr.	332–30 v. Chr.
Frühzeit	Altes Reich	Mittleres Reich / Erste Zwischenzeit	Zweite Zwischenzeit	Neues Reich	Dritte Zwischenzeit	Spätzeit	Griechisch-römische Zeit und Ptolemäer

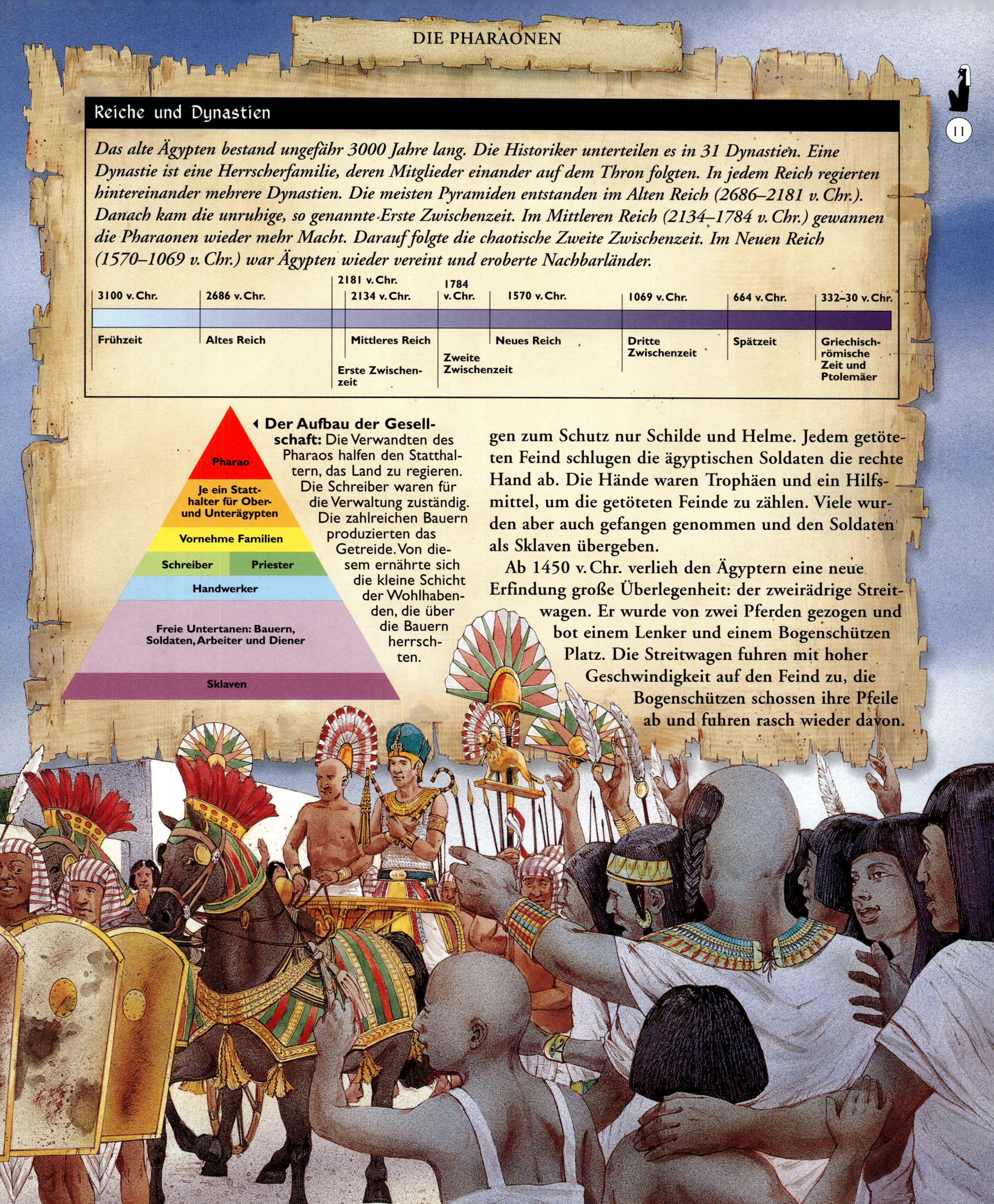

◄ **Der Aufbau der Gesellschaft:** Die Verwandten des Pharaos halfen den Statthaltern, das Land zu regieren. Die Schreiber waren für die Verwaltung zuständig. Die zahlreichen Bauern produzierten das Getreide. Von diesem ernährte sich die kleine Schicht der Wohlhabenden, die über die Bauern herrschten.

Pharao

Je ein Statthalter für Ober- und Unterägypten

Vornehme Familien

Schreiber **Priester**

Handwerker

Freie Untertanen: Bauern, Soldaten, Arbeiter und Diener

Sklaven

gen zum Schutz nur Schilde und Helme. Jedem getöteten Feind schlugen die ägyptischen Soldaten die rechte Hand ab. Die Hände waren Trophäen und ein Hilfsmittel, um die getöteten Feinde zu zählen. Viele wurden aber auch gefangen genommen und den Soldaten als Sklaven übergeben.

Ab 1450 v. Chr. verlieh den Ägyptern eine neue Erfindung große Überlegenheit: der zweirädrige Streitwagen. Er wurde von zwei Pferden gezogen und bot einem Lenker und einem Bogenschützen Platz. Die Streitwagen fuhren mit hoher Geschwindigkeit auf den Feind zu, die Bogenschützen schossen ihre Pfeile ab und fuhren rasch wieder davon.

Alltagsleben

*Wohlhabende Ägypter konnten sich schönen Schmuck und modische Kleidung leisten.
Die ärmeren Bauern dagegen trugen nur sehr einfache Sachen. Arme wie Reiche richteten
ihre Häuser schlicht mit nur wenigen Möbeln ein.*

Im heißen Wüstenklima Ägyptens war es angenehmer, nicht zu viel anzuziehen. Die Kinder liefen nackt herum und trugen erst ab dem Teenageralter Kleidung. Nackt waren auch die Männer, die am Fluss arbeiteten, die Fischer, Bootsleute und Schilfsammler. Die meisten Bauern trugen Lendenschurze. Wenn sie sich fein machen wollten, legten sie einen längeren Schurz aus weißem Leinen und mitunter ein weites Hemd an. Die Bäuerinnen trugen meist knöchellange, ärmellose Kleider. Dienerinnen und Tänzerinnen konnten auch »oben ohne« gehen.

Die wohlhabenden Ägypter waren schicker gekleidet: Die Schurze der Männer waren in Falten gelegt und gestärkt, die Damen trugen abends langärmelige Roben. Reiche Leute zogen sich mehrmals am Tag um und gingen gern mit der Mode. Unter römischer Herrschaft z. B. bevor-

▲ **Ankleiden:** Gold galt als »das Fleisch der Sonne«. Nur Angehörige vornehmer Familien durften es tragen.

zugten schicke Damen sehr feine, durchsichtige Stoffe.

Schmuck, Perücken und Make-up gehörten bei festlichen Anlässen dazu. Wohlhabende Männer und Frauen trugen kunstvoll gearbeiteten Halsschmuck, Gürtel und Reifen an Handgelenken und Knöcheln. Juweliere setzten Edelsteine wie Lapislazuli, Türkis und Amethyst in goldene und silberne Schmuckstücke ein. Billiger war Emailschmuck aus gebrannter blauer Glaspaste. Ärmere Frauen mussten sich mit einfachen Perlenschnüren oder bunten Bändern begnügen.

Die Perücken, die von Männern wie Frauen getragen wurden, waren ein Symbol von Wohlstand. Make-up war nicht den reichen Frauen vorbehalten: Alle schminkten sich, auch die Männer. Sie taten es nicht nur aus Eitelkeit, denn die gemahlenen Steine, die sie dafür benutzten, könnten auch vor Augenentzündungen geschützt haben. Schwarze Schminke um die Augen milderte das blendende Sonnenlicht etwas ab. Die Arbeiter, die das Grab von Pharao Ramses III. errichteten, streikten im Jahre 1158 v. Chr., weil sie die ihnen zustehende Lidschattenration nicht erhalten hatten.

Außer ihren Kleidern besaßen arme Ägypter kaum etwas. Weil in Ägypten wenig Bäume wuchsen, war Holz kostbar und Möbel waren teuer. In den meisten Haushalten gab es eine oder zwei Truhen und vielleicht noch einen niedrigen Tisch aus Holz oder Ton. Einfache Leute hatten weder Stühle noch Betten. Sie schliefen auf Matten, die auf gemauerten Podesten ausgelegt wurden. Kleinere und größere Wandnischen dienten als Ablagefächer. Ebenfalls in einer Nische stand der Schrein (kleiner Altar) der von der Familie besonders verehrten Götter. Als Beleuchtung dienten mit Öl gefüllte Schalen, in die man Stoffdochte legte. Die Häuser der Reichen unterschieden sich von denen der Armen

◄ Betten: Nur die Reichen konnten sich ein Bett aus Holz wie dieses leisten. Die Betten waren am Kopfende etwas höher als am Fußende und hatten ein Fußbrett.

vor allem durch Größe und aufwendige Wandmalereien. Auch in ihnen standen wenig Möbel. Es gab mehr und größere Räume. Anstatt auf Plattformen aus Lehm schliefen die Reichen auf Holzbetten. Sie besaßen keine weichen Kissen, sondern Kopfstützen aus Holz. In vornehmen Häusern gab es mehrere Tische und auch niedrige Hocker.

Die königlichen Paläste und die Häuser der Vornehmen waren mit schön gearbeiteten Möbeln ausgestattet. Oft waren sie mit Farbe, Einlegearbeiten aus wertvollen Hölzern und Edelsteinen oder mit Blattgold verziert. Ihre Beine waren häufig wie Tierbeine geformt.

▲ Beleuchtung: Die Lampen, in denen Pflanzenöl verbrannt wurde, spendeten ein schwaches Licht.

Ipu lässt sich auf ihre Schlafmatte fallen. Sie denkt an ihren Vogel und weint, während sie ihren Zopf löst und ihre Schwester ihr zum Zeichen der Trauer die Augen schminkt.

Ihre Mutter aber meint: »Lass das Weinen sein, denn es wird dir nicht helfen. Geh lieber zu den Pyramiden, dort wo du den verflixten Vogel damals gefunden hast.«

Pyramiden und Gräber

Die gewaltige Cheopspyramide, deren Spitze hoch über Kairo emporragt, wurde vor 4570 Jahren als Grab für den Pharao Chufu erbaut, den wir auch Cheops nennen. Obwohl sich die Wissenschaft schon seit Jahrhunderten mit den Pyramiden beschäftigt, sind sie immer noch geheimnisvoll und faszinierend.

Chufus beeindruckendes Grabmal ist nicht die einzige Pyramide Ägyptens und auch nicht die erste. Die Ägypter errichteten diese Art von Bauwerken ungefähr ab 2650 v. Chr. Zuerst waren die Seiten nicht glatte Dreiecke, sondern riesige Stufen. In der weitläufigen Nekropole (Totenstadt) Saqqara kann man auch heute noch die Stufenpyramide des Pharaos Djoser besichtigen. Sie begründete die Tradition des Pyramidenbaus, die über ein Jahrtausend lang fortgesetzt wurde.

▲ **Djosers Grab:** Djosers Stufenpyramide, die erste ägyptische Pyramide, ist so hoch wie ein 15-stöckiges Haus. Das Grab des Pharaos lag darunter, am Ende eines tiefen Schachts.

Die Cheopspyramide steht in Gizeh am Stadtrand des heutigen Kairo. Die zwei kleineren Pyramiden rechts und links davon wurden für Pharaonen erbaut, die nach Chufu kamen. Außerdem gibt es noch Miniaturpyramiden für die Königinnen dieser Pharaonen. Ganz in der Nähe kauert die Sphinx und blickt auf das Niltal. Diese riesige Statue hat den Körper einer Katze und das Gesicht des Pharaos Chafre, der 30 Jahre nach Chufu über Ägypten herrschte.

Von all diesen Bauwerken ist die Cheopspyramide das berühmteste, auch wenn sie die benachbarte Pyramide von Pharao Chafre nur um eine Kamelhöhe überragt. Für den Bau der Großen Pyramide wurden 2 300 000 Kalksteinblöcke benötigt. Heute kann man diese Blöcke sehen, die früher mit glatten, leuchtend weißen Steinplatten abgedeckt waren. Vor langer Zeit wurden diese Steinplatten abmontiert und bei Bauarbeiten in Kairo wiederverwertet.

Im Inneren der Großen Pyramide befinden sich drei Grabkammern. Sie entstanden nacheinander, weil Entwürfe verändert wurden. Sie sind untereinander und mit dem Eingang durch schmale Gänge verbunden. Zwei dieser Gänge sind nach Sternen ausgerichtet, die für die Ägypter sehr wichtig waren. Deshalb nehmen manche Forscher an, dass die Pyramiden auch als Beobachtungsstationen für Sterne dienten.

Die Pyramide gibt den heutigen Wissenschaftlern viele Rätsel auf. Erst 2003 schickten Forscher eine Roboterkamera durch einen Luftschacht. Sie machte eine Aufnahme von einer bisher unbekannten Kammer, die von einer Tür mit zwei Kupfergriffen verschlossen war.

Rätselhaft ist auch, wie die Große Pyramide überhaupt gebaut wurde. Während der Nilüberschwemmung konnten die Bauern nicht ihre Felder bestellen und Archäologen glauben, dass sie in dieser Zeit gezwungen wurden, am Bau der Pyramide mitzuarbeiten. Sie nehmen an, dass Arbeitertrupps an den Seiten Rampen errichteten, auf denen die für den Bau benötigten 6 500 000 Tonnen Stein emporgezogen wurden. Wenn diese gewaltigen Mengen Stein als Schutz für Chufus Grab gedacht waren, dann war die Mühe umsonst: Räuber brachen in das Grab ein und stahlen Goldschmuck und andere Kostbarkeiten, die zum toten Pharao gelegt worden waren.

Zugang vom Tal der Könige

Abwärts verlaufende Korridore

Brunnen-kammer

Säulen-kammer

Seiten-kammern

Grab-kammer

Alle Pyramiden wurden von Grabräubern geplündert. Deshalb entschieden sich die Pharaonen des Neuen Reichs für versteckte Gräber in abgelegenen Tälern. Im Tal der Könige in der Nähe von Theben gruben Arbeiter 60 Gräber in die Felsen. Doch auch in die meisten davon drangen Räuber ein und holten sich alle Wertsachen. Einzig das Grab des Pharaos Tutenchamun blieb unversehrt. Es wurde 1922 vom britischen Archäologen Howard Carter entdeckt und enthielt noch beinahe alle seine Schätze. Diesem Grab verdanken wir eine Vorstellung davon, wie prunkvoll die Pharaonen lebten und mit welchem Aufwand sie bestattet wurden.

◄ **Felsengrab:** Ab 1500 v. Chr. setzten die Ägypter ihre Pharaonen in Gräbern bei, die tief in die Felsen des Tals der Könige gegraben worden waren. Durch den engen Durchlass in der Felswand gelangt man über Stufen hinab zur Grabkammer. Dies ist das Grab von Ramses II., einem großen Pharao des Neuen Reichs.

Am nächsten Tag setzt Ipu ihre Suche fort. Ihr Onkel nimmt sie auf seinem Wagen mit. Sie reicht ihm den Vogelkäfig, aber er sagt: »Halte ihn selbst, ich muss die Pferde lenken.«

Der Wiedehopf ist nirgends zu sehen. Sie kommen an der alten Totenstadt vorbei. Ein Grabmal überragt alle übrigen und hoch oben auf seiner Spitze entdeckt Ipu ihren Wiedehopf. Er ist unerreichbar für sie.

Mumien

Die alten Ägypter fürchteten sich nicht vor dem Tod: Für sie war er lediglich eine kurze Unterbrechung des Lebens. Sie wussten, dass sie weiterleben würden – wenn sie sich nur gut auf den Tod vorbereiteten und ihre Familien reich genug waren, um ihre Leiche einbalsamieren zu lassen.

Wie viele religiöse Menschen heute glaubten auch die alten Ägypter an ein Leben nach dem Tod. Und sie glaubten an ein Jenseits, in dem der Tote für immer ein angenehmes und von Freuden erfülltes Leben hatte. Ins Jenseits zu gelangen war allerdings nicht leicht. Gebete und Opfer halfen dem Toten, es zu erreichen. Vor allem aber musste sein Körper einbalsamiert werden. Mit diesem langwierigen Vorgang wurde die Leiche haltbar gemacht. In einem Land wie Ägypten, in dem es sehr heiß ist und Fleisch rasch verfault, war das nicht besonders leicht.

Es gab drei unterschiedliche Formen des Einbalsamierens. Am billigsten war es, die inneren Organe zu entfernen und die Leiche in Natron zu legen. Natron war ein Salz aus der Wüste. Auch unsere Backpulver und Waschmittel enthalten Natron.

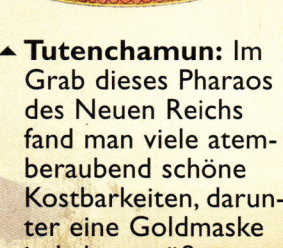

▲ **Tutenchamun:** Im Grab dieses Pharaos des Neuen Reichs fand man viele atemberaubend schöne Kostbarkeiten, darunter eine Goldmaske in Lebensgröße.

Die Leiche trocknete im Natron innerhalb von 40 Tagen vollkommen aus, war dann aber schwarz und verkrümmt.

Teurere Methoden vermochten die Leichen in besserem Zustand zu erhalten. Die Einbalsamierer spritzten durch den After eine chemische Lösung in den Bauchraum, die die Eingeweide auflöste. Sehr reiche Familien ließen ihre Toten auf noch aufwendigere Weise konservieren. Als Erstes wurde mittels eines durch die Nase eingeführten Hakens das Gehirn aus dem Schädel geholt. Anschließend wurde der Leib mit einem scharfen Messer aus Feuerstein aufgeschnitten. Alle Organe außer dem Herz und den Nieren wurden entfernt. Der Leib wurde innen ausgewaschen und mit duftenden Ölen ein-

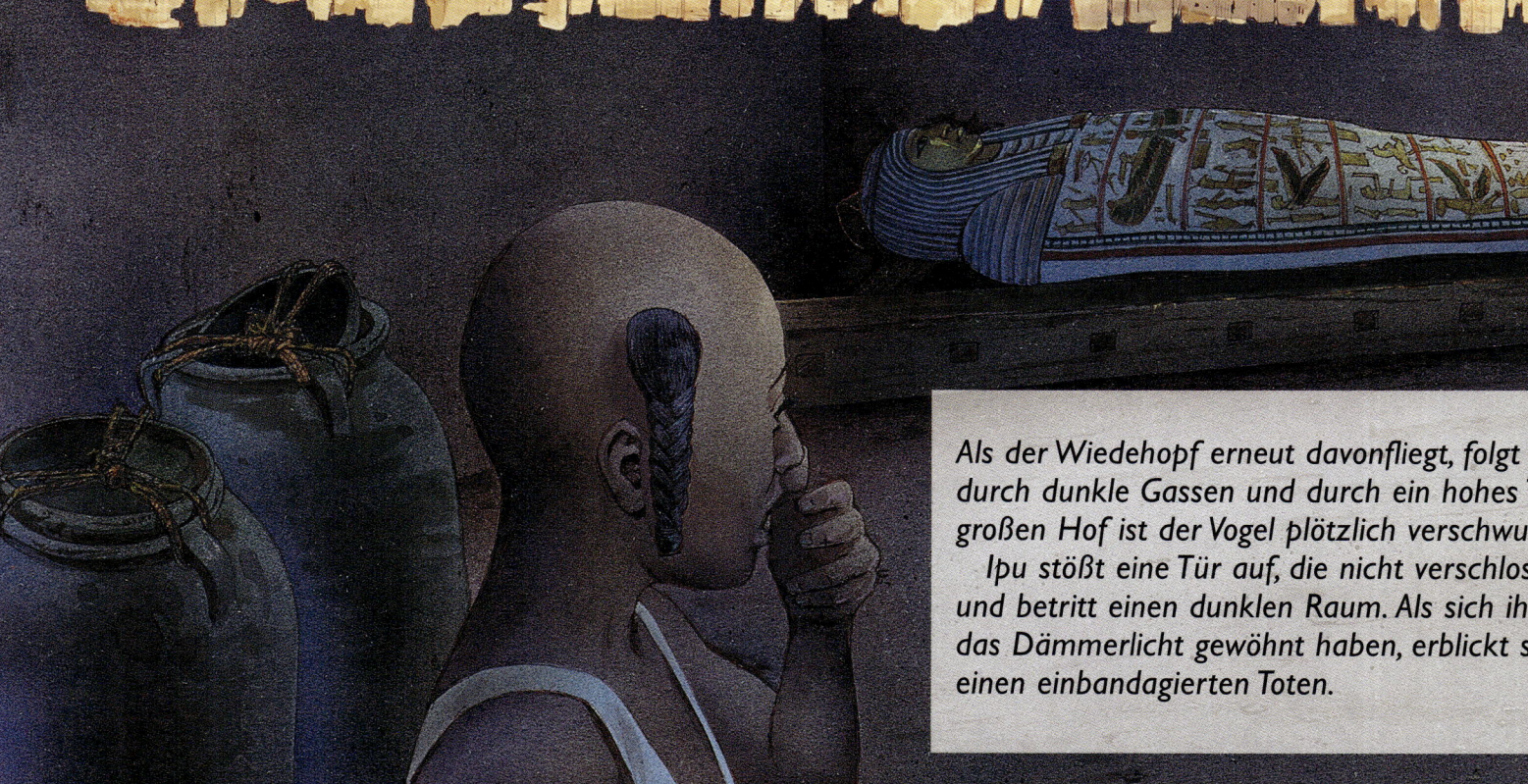

Als der Wiedehopf erneut davonfliegt, folgt Ipu ihm durch dunkle Gassen und durch ein hohes Tor. In einem großen Hof ist der Vogel plötzlich verschwunden.

Ipu stößt eine Tür auf, die nicht verschlossen wurde, und betritt einen dunklen Raum. Als sich ihre Augen an das Dämmerlicht gewöhnt haben, erblickt sie vor sich einen einbandagierten Toten.

16

gerieben. Dies hielt den Verfall auf. Anschließend legte man die Leiche in Natron. Die entnommenen Organe wurden einzeln haltbar gemacht und in besonderen Behältern verwahrt, den Kanopen. Die vollständig ausgetrocknete Leiche hatte drei Viertel ihres früheren Gewichts verloren. Man überzog sie mit Harz. Sie wurde geschminkt und sorgfältig mit Leinenbändern umwickelt. Zwischen diese Mumienbänder legte man Amulette, die den Toten beschützen sollten.

Manche der Prozeduren konnten sich nur sehr wohlhabende Familien leisten. Am sorgfältigsten wurden die Leichen von Pharaonen behandelt. Die Mumie Tutenchamuns (siehe S. 5) kam in einen Satz verschachtelter Särge. Der innerste Sarg, in dem die Mumie lag, war aus Gold. Er steckte in einem größeren Sarg aus Holz und dieser wieder in einem zweiten, noch größeren Holzsarg. Dann folgten vier weitere, jeweils größere Särge. Drei davon waren aus Holz, der vierte äußere war aus Stein.

Die Einbalsamierer arbeiteten eng mit Priestern zusammen. An die Einbalsamierung schlossen sich

◄ **Kanopen:** Die Menschen- und Tierköpfe auf diesen Behältern stellen die Götter dar, die die konservierten Organe bewachen. Der schakalköpfige Duamutef beschützte den Magen; der falkenköpfige Kebechsenuef war für die Gedärme zuständig. Der affenköpfige Hapi wachte über die Lunge und Imseti, ein Gott in Menschengestalt, über die Leber.

religiöse Rituale an. Die Trauernden brachten all das zum Grab, was dem Verstorbenen das Leben im Jenseits angenehmer machen würde: Nahrungsmittel, Möbel, Kleidung und kleine Dienerfiguren. Bei der Bestattung führte der Priester das Ritual des Mundöffnens durch: Mit einer kleinen Steinaxt berührte er Lippen, Ohren und Augen der Mumie, damit die Sinne des Verstorbenen im Jenseits zu ihm zurückkehrten.

Manche jahrtausendealten Mumien sind sehr gut erhalten. Leider aber konnten auch die aufwendigsten Rituale die Toten und ihre Gräber nicht schützen. Viele Mumien wurden zerstört oder beschädigt, als Räuber ihre Gräber plünderten. Und bevor sich die Wissenschaft für die ägyptischen Mumien interessierte, wurden viele von ihnen sogar zu Staub zermahlen und als Medizin nach Europa verkauft.

Speisen und Getränke

Delikatessen wie geschmorter Strauß, Blutwurst und Schweineschnauzen brachten Abwechslung in den Speiseplan reicher Ägypter. Die Bauernfamilien mussten sich mit Brot, Bier und Zwiebeln begnügen.

Normalerweise sorgte der Nil dafür, dass kaum jemand hungern musste. Wenn der Wasserstand so niedrig war, dass die Überschwemmung ausfiel, verteilten Beamte Nahrungsvorräte, die aus besseren Jahren stammten. Gelagert wurden Weizen und Gerste.

Die Frauen verwendeten zum Mahlen der Getreidekörner einen Mahlstein, eine Unterlage aus Stein, die auf einer Seite höher als auf der anderen war, und einen Steinroller. Sie knieten sich vor das hohe Ende der Unterlage und zerrieben mit dem Roller wie mit einem Nudelholz die Körner so lange, bis das Mehl fein genug war. Es dauerte einen ganzen Tag, die Mehlmenge herzustellen, die eine Familie an einem Tag verbrauchte.

Der Brotteig wurde in eine Form gefüllt oder zu flachen Fladen gepresst und gebacken. Brot aßen

◄ **Keltern:** Im heißen Klima Ägyptens wurden die Weintrauben rasch reif. Die Arbeiter zertraten sie, um den Saft herauszupressen.

die Ägypter zu allen Speisen. Das Brot der Ägypter enthielt viele Sandkörner und Steinchen, die beim Ernten, Mahlen und Backen hineingeraten waren. Weil die Ägypter ihr Leben lang Brot voller Sand und Steinchen aßen, nutzten sich ihre Zähne rasch ab.

Aus Gerste stellte man Bier her, später auch aus Weizen. Das Bier war trüb und dickflüssig. Sein Alkoholgehalt war nicht hoch und man trank es eher als Nahrungsmittel. Durch das Brauen wurde auch das Wasser etwas sauberer. So war Bier ein gesünderes Getränk als Wasser. Nicht nur Erwachsene, sondern auch Kinder tranken es: Eine

Wandmalerei aus dem Neuen Reich zeigt ein Kind, das eine Schüssel hält. Daneben stehen die Worte: »Gebt mir etwas Bier, denn ich habe Hunger.«

Brot und Bier waren also die wichtigsten Lebensmittel der ärmeren Leute, aber nicht ihre einzige Nahrung. Sie aßen auch Gemüse, besonders Bohnen, Knoblauch, Kopfsalat und Gurken. Oder Obst, darunter Datteln, Feigen und Weintrauben. Sie fischten im Nil und fingen an den sumpfigen Ufern Vögel mit Fallen. Außer bei Festen aßen die einfachen Leute kaum anderes Fleisch.

Bei Ägyptern, die es sich leisten konnten, kam auch das Fleisch von Schweinen und Rindern sowie von erjagten Vögeln, Gazellen und Straußen auf den Tisch. Die Reichen aßen ihr Brot mit Honig, Gewürzen und Früchten und ihr Bier wurde mit Honig gesüßt. Zur Abwechslung tranken sie auch Wein. Der Wein war für die einfacheren Leute zu teuer. Er wurde in Krügen gelagert, auf denen wie auf unseren Flaschen der Name des Weins und das Jahr der Lese verzeichnet war.

Bankette

Weil keine Rezepte erhalten sind, wissen wir zwar, was die Ägypter aßen, aber nicht, wie sie es zubereiteten. Den Geschmack der Speisen können wir nur erraten. Auf Wandmalereien in den Gräbern finden sich gemalte Bankettszenen. Vornehme Gäste sitzen auf Matten oder Hockern und an Einzeltischen. Auf den Tischen sieht man Blumen und Geschirr, aber kein Besteck: Auch die Reichen aßen mit den Fingern und ihre Diener wuschen ihnen nach dem Mahl die Hände. Andere Diener trugen die Speisen auf und schenkten Wein ein, versprühten Parfüms oder unterhielten die Speisenden mit Musik und Tanz. Manche Gäste verstanden nicht, Maß zu halten: Auf den Grabwänden des Statthalters Khety, der vor etwa 4000 Jahren lebte, sieht man Festgäste ihre betrunkenen Freunde nach Hause tragen.

▲ **Partylöwen:** Ebenso wie heute boten auch die ägyptischen Bankette Gelegenheit, Freunde zu treffen, Klatsch auszutauschen und sich schick zu machen.

Zu Hause erzählt Ipu dem Sklavenmädchen voller Entsetzen, was sie in dem unheimlichen Raum sah. Dann löst sie das Mädchen bei der Arbeit ab und reibt das Getreide mit dem Stein zu Mehl.

Während sie zusammen kochen, gibt ihre Freundin Ipu einen Rat: »Geh doch mal zum Tempel und frage die Götter um Rat. Die Priester und die Götter halfen mir schon zweimal.«

Magie und Religion

Alle Ägypter – vom Pharao bis zum Sklaven – glaubten, dass die Welt von den Göttern gelenkt wurde. Priester verehrten die Götter in riesigen Tempeln, und in jedem Haushalt war ein Schrein, vor dem die Familie zu den Göttern betete.

Mitten in einem Weizenfeld betet der Pharao zu Min, dem Gott der Fruchtbarkeit, und leitet die Ernte ein, indem er die ersten Halme abschneidet. Im gesamten Niltal schlagen sich die Bauern und Sklaven, die die Ernte einbringen werden, zu Ehren der Göttin Isis mit den Fäusten auf die Brust. Sie glauben, dass Isis die Samenkörner zum Leben erweckt und das Getreide wachsen lässt.

Min und Isis waren nur zwei der wichtigsten ägyptischen Götter, doch gab es noch Dutzende weiterer bedeutender Götter. Im Glauben der alten Ägypter war der Pharao ein Gott. Als Oberhaupt des Landes musste er dafür sorgen, dass die anderen Götter Ägypten gnädig gesinnt waren. Nur wenn er sie bei Laune hielt, konnte er *maat* erhalten (siehe S. 10) und verhindern, dass Unruhen das Land zerstörten.

▲ **Hausschrein:** In jedem Haushalt stand in einer rot gestrichenen Wandnische eine kleine Götterstatue.

Diese Aufgabe konnte der Pharao nicht alleine bewältigen. Viele Tausende von Priestern im ganzen Land halfen ihm dabei. Sie arbeiteten in beeindruckenden Tempeln. Während die meisten anderen Gebäude mit Ausnahme der Paläste aus Lehmziegeln gebaut waren, waren die Tempel aus Stein. Sie waren so stabil gebaut, dass heute noch einige von ihnen stehen. Der Tempel von Edfu z. B. ist heute nahezu vollständig erhalten.

In jedem Tempel verehrten die Priester die Statue eines besonderen Gottes. Manche Götter dachte man sich als Menschen: Der bedeutende Gott Horus, Beschützer des Pharaos, wurde als Falke oder als Mensch mit Falkenkopf abgebildet. Die Himmelsgöttin Hathor (siehe Bild unten) war eine Frau – trug aber mitunter Kuhhörner. Die Priester ehrten die Götter durch

Die Priester hören sich geduldig Ipus Geschichte an. Sie leiten ihre Bitte an die Göttin Hathor weiter. Mit Spannung wartet Ipu auf die Antwort. Die Priester versichern ihr, dass die Göttin hilfsbereit ist und immer die Wahrheit verkündet. Ipu muss sich lange in Geduld üben, bis von der Statue her die Antwort ertönt: »Suche dort, wo die Handwerker sind.«

Einige ägyptische Götter

Ptah:
Der Schöpfergott, der die Erde erschuf

Anubis:
Der hundeköpfige Totengott

Amun-Re:
Sonnengott und König aller Götter

Thot:
Gott in Gestalt eines Vogels oder Pavians

Osiris:
Gott des Wachstums mit Geräten für die Feldarbeit

Horus:
Himmelsgott und Beschützer des Pharaos

Seth:
Ein Gott in Tiergestalt von ungeheurer Kraft

Isis:
Im Mythos die Mutter aller Pharaonen

Sobek:
Der Krokodilgott, der die Pflanzen grün macht

Gebete und durch Speiseopfer. Außerdem wuschen sie die Statue jeden Tag und zogen ihr hinterher frische Kleider an. Um ihrer Arbeit im Tempel würdig zu sein, mussten die Priester ein makelloses Leben führen und sich selbst sauber und rein halten. Dies drückte sich auch in ihrem Äußeren aus. Sie trugen saubere weiße Kleidung und entfernten alle Körperhaare, sogar die Wimpern. Die obersten Priester trugen besondere Roben, die mitunter aus Leopardenfellen gefertigt waren.

Die Ägypter machten keinen Unterschied zwischen Religion, Zufall, Aberglaube, Magie und Wissenschaft. Wenn jemand krank wurde, dann verschrieb der Arzt nicht nur Heilmittel (siehe S. 30), sondern sprach auch Beschwörungsformeln. Die Menschen beteten täglich vor den Schreinen in ihren Häusern. Häufig wandten sie sich auch an untergeordnete Götter. In schwierigen Situationen erflehten sie den Beistand der Götter.

Auch vor wichtigen Entscheidungen baten sie die Götter um Rat. Eine gute Gelegenheit dafür waren Feste, bei denen die Priester die Statuen durch die Straßen trugen. Jeder durfte den Gott etwas fragen. Die Statue bewegte sich dann vorwärts oder rückwärts und das bedeutete Ja oder Nein. Manchmal stand den Ratsuchenden auch ein besonderer Raum des Tempels offen. Ein Priester brachte dann dem Gott die Frage vor und ein anderer Priester saß hinter einem verborgenen Fenster oder in einer hohlen Statue und antwortete.

Kunst und Handwerk

Die ägyptischen Handwerker arbeiteten in heißen, schmutzigen Werkstätten. Sie stellten Werkzeug und Gefäße für den alltäglichen Gebrauch und Luxusgegenstände für die Reichen her. Die besten Handwerker schufen einzigartige Kunstwerke für den Pharao. Sie waren berühmt und angesehen.

Ein Besuch im Handwerkerviertel einer ägyptischen Stadt wie Memphis sprach alle Sinne an: Das Hämmern der Kupferschmiede klang in den Ohren. Der Gestank fauligen Fleischs aus den Gerbereien belästigte die Nase. Die glühend heißen Öfen der Glashersteller blendeten die Augen und versengten die Haut, und der Rauch aus den Töpferöfen drang in die Lungen.

Aus dem Wirrwarr der Gassen und Werkstätten kamen zahlreiche Produkte. Gegenstände aus Leder, Geräte aus Kupfer und einfache Krüge gelangten in die Häuser ärmerer Leute. Die meisten Dinge aber wurden für die Paläste des Pharaos, für die Haushalte und Gräber der Wohlhabenden und für die vielen Tempel hergestellt.

In frühester Zeit führte der Handwerker alle Arbeiten selbst aus. Ein Töpfer z. B. grub nach

◀ **Maler:** Die Künstler verputzten Felswände mit Gips. Beim Zeichnen nahmen sie ein Raster zu Hilfe.

dem Ton, bereitete ihn vor, formte und verzierte Krüge und Schalen und brannte sie in einem Ofen. Später konzentrierten sich die Handwerker jeweils auf den Arbeitsabschnitt, den sie am besten beherrschten.

Diese Handwerker erzielten mit sehr einfachen Werkzeugen hervorragende Ergebnisse. Mithilfe von biegsamem Kupfer und Schneiden aus Feuerstein fertigten die Hersteller von Quarzkeramik Krüge, deren Wände so dünn waren, dass das Licht durchschien.

Die Hersteller von Steinwerkzeugen machten aus Stein scharfe Klingen, die beim Einbalsamieren und bei anderen religiösen Ritualen benutzt wurden. Später, im Neuen Reich, waren die meisten Klingen für den Alltagsgebrauch aus Kupfer. Schmiede stell-

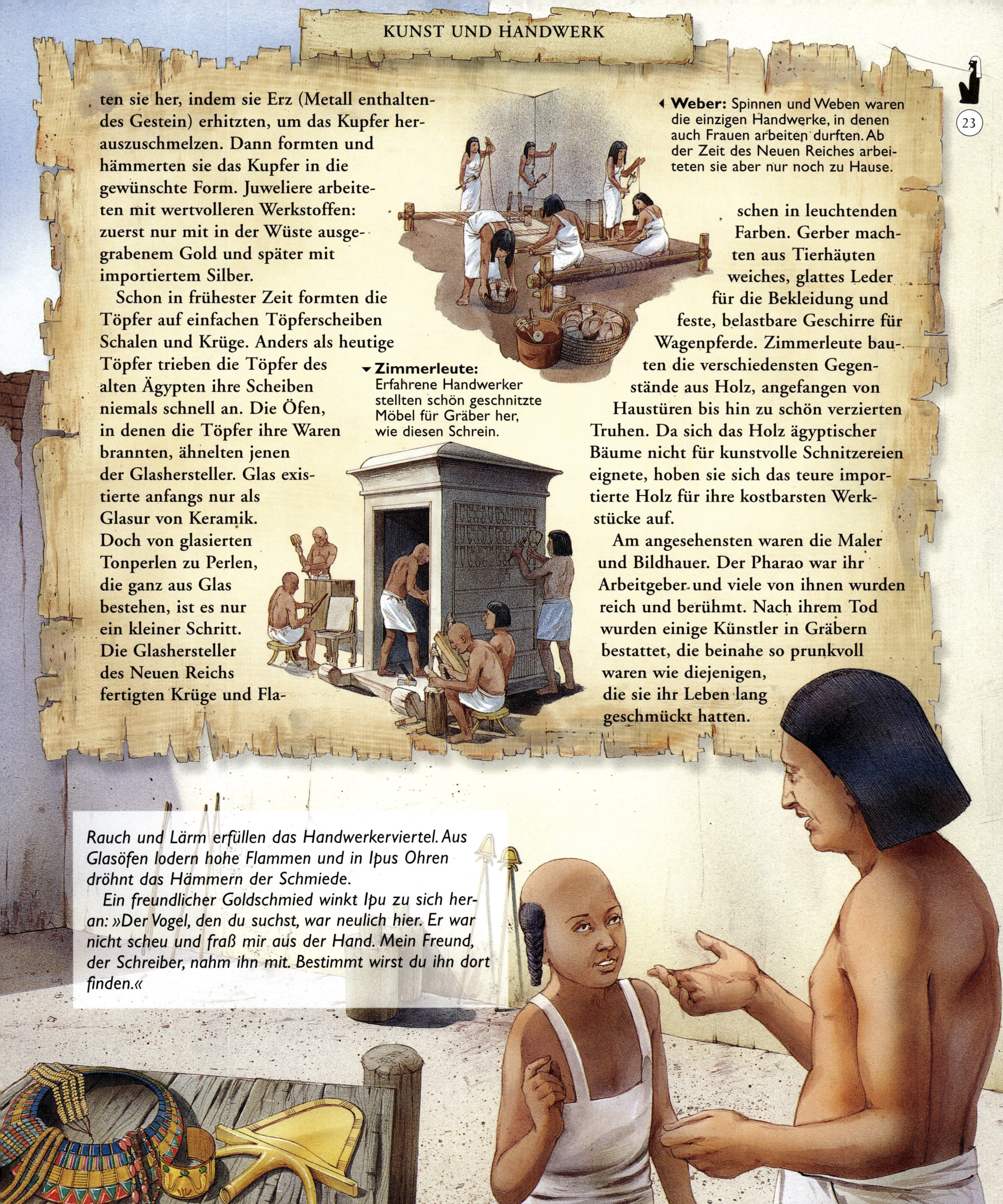

ten sie her, indem sie Erz (Metall enthaltendes Gestein) erhitzten, um das Kupfer herauszuschmelzen. Dann formten und hämmerten sie das Kupfer in die gewünschte Form. Juweliere arbeiteten mit wertvollen Werkstoffen: zuerst nur mit in der Wüste ausgegrabenem Gold und später mit importiertem Silber.

Schon in frühester Zeit formten die Töpfer auf einfachen Töpferscheiben Schalen und Krüge. Anders als heutige Töpfer trieben die Töpfer des alten Ägypten ihre Scheiben niemals schnell an. Die Öfen, in denen die Töpfer ihre Waren brannten, ähnelten jenen der Glashersteller. Glas existierte anfangs nur als Glasur von Keramik. Doch von glasierten Tonperlen zu Perlen, die ganz aus Glas bestehen, ist es nur ein kleiner Schritt. Die Glashersteller des Neuen Reichs fertigten Krüge und Fla-

◀ **Weber:** Spinnen und Weben waren die einzigen Handwerke, in denen auch Frauen arbeiten durften. Ab der Zeit des Neuen Reiches arbeiteten sie aber nur noch zu Hause.

▼ **Zimmerleute:**
Erfahrene Handwerker stellten schön geschnitzte Möbel für Gräber her, wie diesen Schrein.

schen in leuchtenden Farben. Gerber machten aus Tierhäuten weiches, glattes Leder für die Bekleidung und feste, belastbare Geschirre für Wagenpferde. Zimmerleute bauten die verschiedensten Gegenstände aus Holz, angefangen von Haustüren bis hin zu schön verzierten Truhen. Da sich das Holz ägyptischer Bäume nicht für kunstvolle Schnitzereien eignete, hoben sie sich das teure importierte Holz für ihre kostbarsten Werkstücke auf.

Am angesehensten waren die Maler und Bildhauer. Der Pharao war ihr Arbeitgeber und viele von ihnen wurden reich und berühmt. Nach ihrem Tod wurden einige Künstler in Gräbern bestattet, die beinahe so prunkvoll waren wie diejenigen, die sie ihr Leben lang geschmückt hatten.

Rauch und Lärm erfüllen das Handwerkerviertel. Aus Glasöfen lodern hohe Flammen und in Ipus Ohren dröhnt das Hämmern der Schmiede.

Ein freundlicher Goldschmied winkt Ipu zu sich heran: »Der Vogel, den du suchst, war neulich hier. Er war nicht scheu und fraß mir aus der Hand. Mein Freund, der Schreiber, nahm ihn mit. Bestimmt wirst du ihn dort finden.«

Die Hieroglyphen

Über die Wände von Tempeln und Gräbern oder um Säulen ziehen sich lange Reihen von Menschen, Vögeln, Tieren und Formen. Sie erzählen Geschichten und verkünden Zaubersprüche und Nachrichten. Diese Bilderschriftzeichen werden Hieroglyphen genannt. Sie sind Ägyptens erste Schrift.

Hieroglyphen wirken wie ein Wirrwarr magischer Zeichen. Bei genauerem Hinsehen fällt auf, dass manche Zeichen immer wieder auftreten: eine Schlange mit Hörnern, ein Schilfrohr, eine Eule, ein Bein, ein Huhn. Das ist so, weil es nur für die meistgebrauchten Wörter ein eigenes Zeichen gab. Für seltener vorkommende Wörter verwendete man Lautzeichen oder so etwas wie Bilderrätsel.

Die meistgebrauchten Zeichen sind Lautzeichen. Das Zeichen z. B. stand für »Eule«, wurde aber häufiger für den Buchstaben »M« benutzt. Nicht für jeden Laut der ägyptischen Sprache gab es ein Zeichen. Es gab keine Zeichen für Vokale. Das konnte zu Verwechslungen führen. Wenn wir im Deutschen keine Vokale schreiben würden, könnte z. B. »HND« entweder »Hund« oder »Hand« bedeuten. Um die Bedeutung anzuzeigen, fügten die Schreiber so genannte Determinative hinzu: Anstatt eines Wortes, das sie nicht zeichnen konnten, zeichneten sie mehrere Wörter, die zusammen so klangen wie das gemeinte Wort. Das wäre so, als wenn wir, um »Kopfsteinpflaster«

Grab

Himmel

◄ **Determinative:** Die Schreiber benutzten die gleichen drei Lautzeichen, um »Himmel« und »Grab« zu schreiben. Wenn sie »Grab« meinten, so fügten sie das Zeichen für ein fremdes Land hinzu: ▰▰, denn die Ägypter stellten sich den Tod als Reise in ein fremdes Land vor. Um das Wort »Himmel« zu verdeutlichen, schrieben sie das Zeichen für ▱ »hoch«.

zu schreiben, einen Kopf, einen Stein und ein Pflaster zeichnen müssten. Wenn du das einleuchtend findest, wärst du im alten Ägypten möglicherweise ein erfolgreicher Schreiber geworden.

In der frühen Geschichte des Niltals verwendeten die Schreiber ausschließlich Hieroglyphen. Doch um sie aufzumalen, brauchte man viel Zeit,

Ipu ist sich sicher: Dieses Mal wird es klappen. Sie nimmt deshalb den Vogelkäfig mit. Der Schreiber sitzt mit einer Papyrusrolle auf dem Schoß auf dem Boden.

»Tut mir Leid, Kind«, sagt er. »Aber der Vogel ist nicht hier.«

Als er sieht, wie traurig Ipu darüber ist, fügt er hinzu: »Ich habe den Vogel in meine Schule gebracht. Morgen kannst du ihn wiederhaben.«

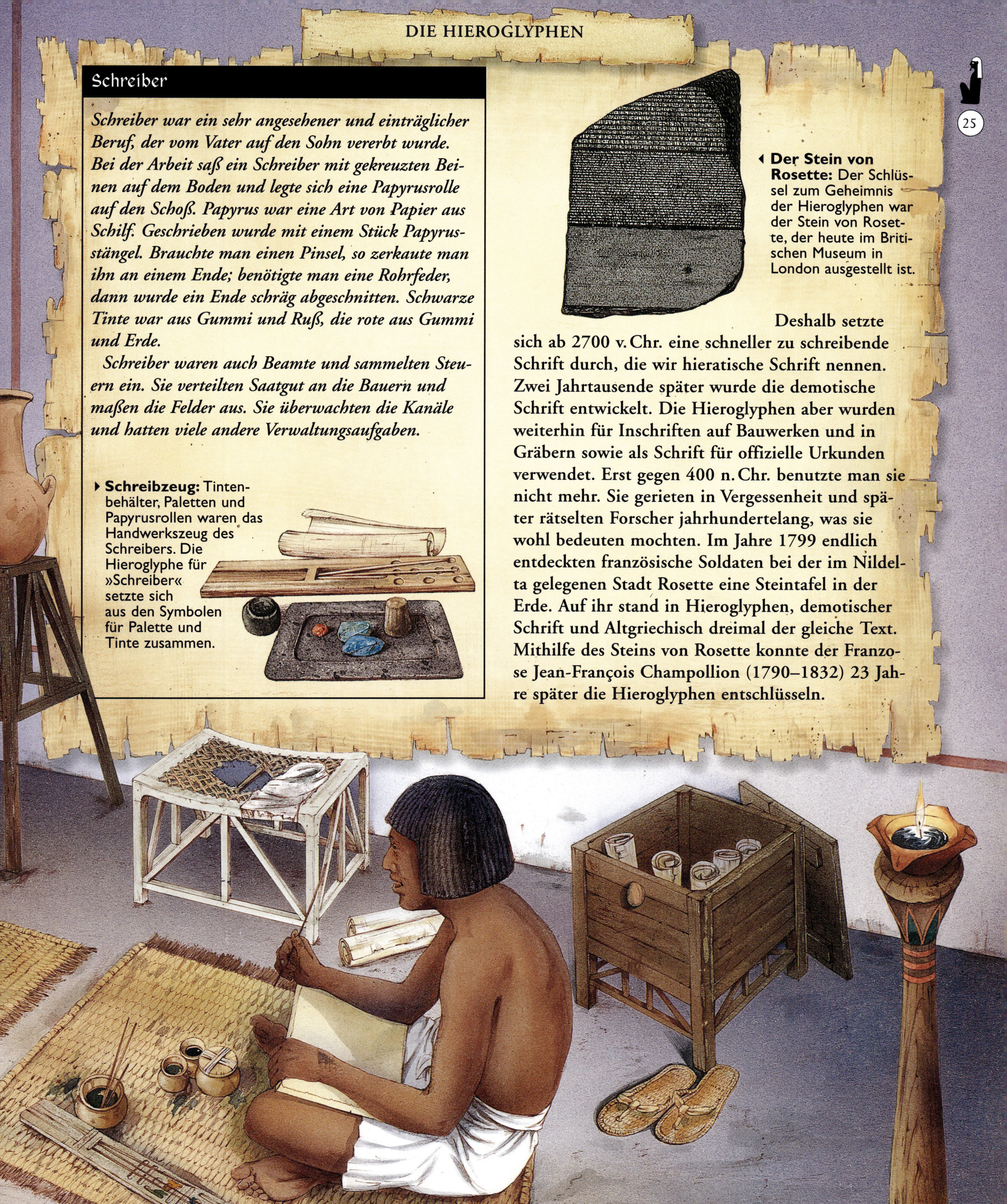

Schreiber

Schreiber war ein sehr angesehener und einträglicher Beruf, der vom Vater auf den Sohn vererbt wurde. Bei der Arbeit saß ein Schreiber mit gekreuzten Beinen auf dem Boden und legte sich eine Papyrusrolle auf den Schoß. Papyrus war eine Art von Papier aus Schilf. Geschrieben wurde mit einem Stück Papyrusstängel. Brauchte man einen Pinsel, so zerkaute man ihn an einem Ende; benötigte man eine Rohrfeder, dann wurde ein Ende schräg abgeschnitten. Schwarze Tinte war aus Gummi und Ruß, die rote aus Gummi und Erde.

Schreiber waren auch Beamte und sammelten Steuern ein. Sie verteilten Saatgut an die Bauern und maßen die Felder aus. Sie überwachten die Kanäle und hatten viele andere Verwaltungsaufgaben.

Schreibzeug: Tintenbehälter, Paletten und Papyrusrollen waren das Handwerkszeug des Schreibers. Die Hieroglyphe für »Schreiber« setzte sich aus den Symbolen für Palette und Tinte zusammen.

◄ **Der Stein von Rosette:** Der Schlüssel zum Geheimnis der Hieroglyphen war der Stein von Rosette, der heute im Britischen Museum in London ausgestellt ist.

Deshalb setzte sich ab 2700 v. Chr. eine schneller zu schreibende Schrift durch, die wir hieratische Schrift nennen. Zwei Jahrtausende später wurde die demotische Schrift entwickelt. Die Hieroglyphen aber wurden weiterhin für Inschriften auf Bauwerken und in Gräbern sowie als Schrift für offizielle Urkunden verwendet. Erst gegen 400 n. Chr. benutzte man sie nicht mehr. Sie gerieten in Vergessenheit und später rätselten Forscher jahrhundertelang, was sie wohl bedeuten mochten. Im Jahre 1799 endlich entdeckten französische Soldaten bei der im Nildelta gelegenen Stadt Rosette eine Steintafel in der Erde. Auf ihr stand in Hieroglyphen, demotischer Schrift und Altgriechisch dreimal der gleiche Text. Mithilfe des Steins von Rosette konnte der Franzose Jean-François Champollion (1790–1832) 23 Jahre später die Hieroglyphen entschlüsseln.

Kinderalltag

Im alten Ägypten brauchten die meisten Kinder nicht zur Schule zu gehen. Sie blieben bei ihren Eltern und lernten von ihnen den Beruf, den sie später ausüben würden. Nur die Söhne von Schreibern lernten lesen und schreiben. Wer dabei nicht aufpasste, musste damit rechnen, ausgepeitscht zu werden.

Die Kindheit war im alten Ägypten in erster Linie eine Vorbereitung auf das Leben als Erwachsener. Auf dem Land machten sich die kleinen Jungen schon sehr früh nützlich. Sie verscheuchten Vögel, sammelten auf den Feldern schädliche Insekten oder halfen bei der Ährenlese (wenn nach der Ernte die liegen gebliebenen Ähren eingesammelt werden). Die Arbeit der Kinder konnte viel bewirken, denn es gab damals weder Dünger noch Schädlingsbekämpfungsmittel. Die älteren Jungen halfen ihrem Vater immer mehr: Sie hüteten Tiere, pflügten und säten.

Die Mädchen halfen den Müttern bei der Hausarbeit. In ärmeren Familien bedeutete dies, dass sie Mehl mahlten, kochten, putzten und auf jüngere Geschwister aufpassten. In wohlhaben-

▲ **Spielstunde:** Im heißen Ägypten spielten die Kinder vorwiegend draußen. Auf Grabmalereien sieht man sie mit Reifen spielen oder huckepack reiten.

den Haushalten wurden einige dieser Aufgaben von Sklaven übernommen. Aber auch hier erlernten die Mädchen Fertigkeiten, indem sie ihren Müttern bei der Arbeit zusahen und sie nachahmten.

Der Sohn eines Schreibers musste ab dem Alter von neun Jahren lernen. Im Alten Reich unterrichteten die Schreiber ihre Söhne meist selbst, später besuchten die Jungen Schulen. Der Unterricht fand vermutlich in den kühleren Morgenstunden und im Freien statt. Die Schüler saßen im Schatten und übten die Hieroglyphen oder die hieratische Schrift ein. Sie schrieben noch nicht auf dem teuren Papyrus, sondern auf flachen Tonscherben oder Steinen. Manchmal verwendeten sie auch ein mit weißem Gips überzogenes Brett. Im Unter-

Spielzeug und Spiele

Kinder mussten nicht den ganzen Tag lang arbeiten. Grabmalereien zeigen Kinder beim Spiel. Weil sie in den Gräbern vor Feuchtigkeit und Licht geschützt blieben, sind einige Spielsachen erhalten. Durch die Malereien wissen wir, dass Kinder Armdrücken und Blindekuh spielten und turnten. Die Jungen spielten Krieg, die Mädchen jonglierten und trugen einander huckepack. Einige ihrer Spielsachen kennen wir noch heute: Puppen, Holztiere, Kreisel und Schiffe zum Nachziehen. Auch Ballspiele waren bekannt: Archäologen fanden Bälle aus Schilf, Leinen und Leder. So wie Ipu hielten sich viele Kinder Tiere. Ein besonders beliebtes Haustier war der Wiedehopf. Er hatte ein schönes Gefieder und wurde ganz zahm. Einige Kinder besaßen Affen, verbreiteter aber waren Hunde und Katzen. Katzen waren im alten Ägypten hoch angesehen. Manchmal wurden sie nach ihrem Tod sogar einbalsamiert.

◄ **Tiere und Bälle:** Der Spielzeuglöwe hatte glitzernde Kristallaugen und Zähne aus Bronze. Wenn man an der Schnur zog, schloss er das Maul.

richt schrieben sie Sprichwörter in Hieroglyphen ab, um die Hunderte von Zeichen einzuüben und auswendig zu lernen. Sie lasen laut im Chor. Es hörte sich an wie eine Art Singsang. Auf diese Weise zu lernen war ziemlich langweilig. Nur wenige Schüler wagten es, ungehorsam zu sein, denn bestraft wurde schnell und hart. Eine alte Redensart riet den Eltern: »Das Ohr des Jungen ist auf seinem Rücken, denn er hört nur zu, wenn er geschlagen wird.«

Die Kindheit war kürzer als heute bei uns, doch Mädchen wie Jungen blieben meist bis zu ihrer Heirat bei den Eltern. Das Ende der Kindheit wurde mit besonderen Ritualen und dem Schneiden der Haare gefeiert. Bis ins Teenageralter hinein wurden den Kindern die Köpfe kahl geschoren. Man ließ nur seitlich eine Haarsträhne stehen und flocht sie zu einem Zopf. Wenn Jungen und Mädchen diesen Zopf nicht mehr hatten und dafür öfter Kleider trugen, zeigten sie, dass sie nun in die Welt der Erwachsenen eingetreten waren.

Doch als Ipu in die Schule kommt, ist der Vogel wieder fort. Der Junge, der ihn aus dem Käfig entwischen ließ, soll zur Strafe mit einem Riemen aus Flusspferdhaut ausgepeitscht werden.

»Das schaue ich mir lieber nicht an«, denkt Ipu. Und genau in diesem Augenblick sieht sie ihren Vogel am Hof der Schule vorbeifliegen. Wieder ist er ihr entwischt.

Häuser und Gärten

Waren die Häuser im Niltal klein und eng, verrußt und voller Flöhe? Oder waren sie so gebaut, dass es in ihnen kühl war und man sehr angenehm darin wohnte? Wir können nur raten, denn die Lehmziegelwände sind schon vor langer Zeit zu Staub zerfallen.

Anders als die Gräber, Tempel und Paläste waren die ägyptischen Häuser nicht für die Ewigkeit gebaut. Alle Informationen über sie stammen von Grabmalereien und von den Überresten der Häuser, die in der Wüste standen und in der trockenen Luft besser erhalten blieben.

⬚: Die Häuser der ärmsten Ägypter sahen vermutlich nicht viel anders aus als die Hieroglyphe für den Grundriss eines Hauses – vier Wände und in einer davon eine Tür. In den meisten Häusern aber gab es ein Wohnzimmer, ein oder zwei Schlafzimmer und eine Küche. Die Küche war eigentlich ein Innenhof, denn sie hatte keine Decke, damit der Rauch und die Hitze des Kochfeuers abziehen konnten.

Diese einfachen Häuser waren leicht zu bauen. Als Baumaterial diente Lehm, der mit Stroh ver-

▶ **Kleine Oase:** Nur die Reichen konnten sich einen Teich leisten. Der Teich im Garten des Pharaos war so groß, dass viele Boote darauf fahren konnten.

mischt und zu Ziegeln gepresst wurde. Das Stroh machte die Ziegel stabiler und verhinderte, dass sie in der Sonnenhitze Risse bekamen. Als Mörtel wurde feuchter Lehm verwendet. Wenn die Wände hoch genug waren, legte man Balken aus Palmstämmen quer darüber. Mit einer Schicht aus Stangen, Palmwedeln und Lehm wurde das Dach gedeckt. Abschließend wurde das Haus außen und innen weiß gekalkt und dadurch versiegelt.

Die Öffnungen für Türen und Fenster wurden sorgfältig ausgemessen. Die meisten von ihnen gingen nach Norden, weil aus dieser Richtung ein kühlender Wind wehte. Wegen des heißen Winds, der im Frühjahr Staub und Sand aus der Wüste herüberwehte, war die Westseite

Arbeiter, die an einem Haus bauen, rufen: »Komm, wir fangen den Vogel zusammen ein!« Ein Mann springt flink nach dem Wiedehopf, bekommt aber nur eine Feder zu fassen.

Ipu ist müde und traurig. Sie setzt sich in den Schatten eines Feigenbaums. Mit ihren Füßen weckt sie eine Schlange und die Schlange beißt sie in den großen Zeh. Ipu humpelt schnell nach Hause und ruft den Arzt.

Auf dem Dach schlief man in heißen Nächten.

Treppe

Küche im Freien

Schlafzimmer

Wohn-zimmer

Lagerraum

◀ **Lehmbauweise:** Lehmziegel sind kein primitives Baumaterial. Die ägyptischen Baumeister errichteten daraus komfortable Häuser, die an das heiße, trockene Klima angepasst waren. Der weiße Anstrich innen und außen versiegelte die Oberflächen und tötete Ungeziefer.

ohne Fenster. Die dicken Wände nahmen tagsüber die Sonnenwärme auf und strahlten sie in den kalten Nächten ab, sodass die Bewohner nicht frieren mussten. Wenn es im Hochsommer auch nachts heiß war, schliefen alle auf den Dächern.

Wohlhabende Bauern, Handwerker und Schreiber lebten in geräumigeren Häusern mit vielen Zimmern. Äußerlich sichtbare Zeichen von Reichtum waren die Hausgröße und steinerne Tür- und Fensterrahmen. Der größte Raum dieser Häuser war das Wohnzimmer, dessen hohe Decke von Baumstämmen abgestützt wurde. Alle anderen Zimmer – es konnten bis zu 20 sein – lagen rings herum.

Das Haus einer wohlhabenden Familie stand immer in einem schönen Garten. Er war von einer Mauer umgeben, durch die ein Tor führte. Es gab einen äußeren Garten mit Bäumen und einen von einer weiteren Mauer begrenzten inneren Garten. In diesem war ein Gemüsebeet und vielleicht auch noch ein T-förmiger Teich mit Fischen und Enten. Kletterpflanzen spendeten dem Hauseingang Schatten.

Ein Garten war ein großer Luxus, der viel Arbeit machte und viel kostbares Wasser verbrauchte. In einem Garten konnte man spazieren gehen und sich im Schatten ausruhen. Und er lieferte so allerlei: Datteln, Oliven, Granatäpfel, Feigen, Gemüse, Blumen, Küchen- und Heilkräuter.

Die Ägypter nahmen ihren Garten sozusagen mit ins Jenseits: In Gräbern fand man Wandmalereien und Tonmodelle üppiger, gepflegter Obstgärten, Blumenbeete und Teiche.

Medizin und Magie

Die ägyptischen Ärzte verfügten noch nicht über eine große Auswahl von Untersuchungsmethoden und Medikamenten. Oft mussten sie raten oder sie versuchten sich der Magie zu bedienen. Manche Kuren kommen uns heute seltsam vor. Wunden und Knochenbrüche aber wurden sehr wirksam behandelt.

Wer krank wurde und sich eine Behandlung leisten konnte, ließ einen *sunu* kommen: einen Arzt. Die Ärzte waren sehr angesehen und ebenso wie unsere Ärzte heute spezialisiert auf bestimmte Leiden oder Behandlungsmethoden. Die berühmtesten Ärzte, die auch die Pharaonen behandelten, trugen wohlklingende Titel. Pepianch z.B., ein Arzt und Priester des Alten Reichs, wurde mit »Arzt des königlichen Bauchs« angeredet, mit »Hirte des königlichen Afters« und mit »Augenarzt des Königs«. Er war nicht der erste Leibarzt

▲ **Amulette:** Kleine Gegenstände aus Stein, Metall oder Glas sollten ihren Träger vor Unglück und Krankheit bewahren. Manche hatten die Form des Körperteils, den sie schützten.

eines Königs, von dem wir wissen: Imhotep (2667–2648 v.Chr.), der Architekt, der vor über 4650 Jahren die Stufenpyramide Djosers entwarf (s.S. 14), war auch der Arzt dieses Pharaos. Er war so angesehen, dass er ein Jahrhundert nach seinem Tod als Gott der Heilkunst verehrt wurde.

Knochenbrüche vermochten die Ägypter zu heilen. Aus Baumrinde fertigten sie Schienen, mit denen sie das gebrochene Glied fixierten. Weil zahlreiche Skelette mit gut verheilten Brüchen gefunden wurden, nimmt man an, dass diese einfache Behandlung gute Ergebnisse erzielte.

Bei der Behandlung von Krankheiten sah es anders aus. Die Ärzte wussten nicht, wie der Körper funktionierte, und konnten daher gegen die meisten Leiden wenig tun. Sie versuchten Tumore aus dem Körper herauszuschneiden. In manchen Gräbern fand man medizinische Instrumente und auf Papyrusrollen die Beschreibung ihrer Anwendung. Eine dieser Schriften rät, Instrumente zu erhitzen, bevor man damit Schnitte

Der Zeh schwillt an und wird knallrot. Doch der Arzt sagt: »Du wirst wieder gesund, aber du musst brav im Bett bleiben.«

Vor dem Einschlafen streut Ipu Körner auf der Fensterbank aus. Vielleicht kann sie so den Vogel anlocken. Sie wacht vom Ruf des Wiedehopfs auf. Sein »uhp uhp uhp uhp« ist das schönste Lied, das sie je gehört hat. Ihr kleiner Liebling ist tatsächlich zurückgekehrt.

▶ **Horusauge:** Im ägyptischen Mythos wurde der Gott Horus in einem Kampf am Auge verletzt. Der Gott Thot heilte ihn und das Auge wurde zum Symbol der Heilung.

Fliegen, Eidechsen und sogar von Kindern enthielten. Weil man diese Substanzen abstoßend fand, schrieb man ihnen magische Kraft zu. Im alten Ägypten unterschied man nicht zwischen Medizin und Magie. Man machte für die Krankheiten Dämonen verantwortlich und wollte sie mit dem widerlichen Zeug aus dem Körper vertreiben.

Gesunde und Kranke besaßen Amulette. Dies waren Glücksbringer, die eine besondere Form hatten oder magische Zeichen trugen, wie z.B. das Auge des Horus: ☥. Der Glaube an die schützende Kraft von magischen Zeichen und Gegenständen

vornahm. Dadurch sollten Blutungen verhindert werden, aber durch das Erhitzen wurden die Instrumente auch keimfrei, sodass es nicht zu Entzündungen kam.

Ägyptische Ärzte setzten bis zu 700 verschiedene Heilmittel ein. Viele davon waren aus Pflanzen hergestellt und einige könnten wirksam gewesen sein. Der Mohn, enthielt ein natürliches Schmerzmittel und in Weidenblättern ist die gleiche Substanz enthalten wie in unserem Aspirin. Andere Kuren dagegen nützten vermutlich nicht viel: Ein Mittel gegen Kahlheit z.B. enthielt das Fett einer schwarzen Schlange, einen Rückenwirbel einer Saatkrähe und die Asche eines Eselhufs. Dann gab es noch Mittel, die den Zustand eines Patienten nur verschlimmern konnten, darunter Rezepte, die den Urin und Kot von Pelikanen, Krokodilen,

hat das alte Ägypten überlebt und besteht bis heute: Die Seeleute des Mittelmeers malen immer noch das »magische Auge« auf ihre Boote und viele moderne Menschen tragen besondere Armbänder oder Anhänger in der Hoffnung, dadurch gesund zu bleiben und Glück zu haben.

◀ **Heilkraft:** Hesire lebte um 2600 v.Chr. Er war ein Schreiber und ein weiterer Leibarzt des Pharao Djoser. Er ist auch der erste bekannte Zahnarzt der Welt. Bei Saqqara erhielt er ein prunkvolles Grab.

Register